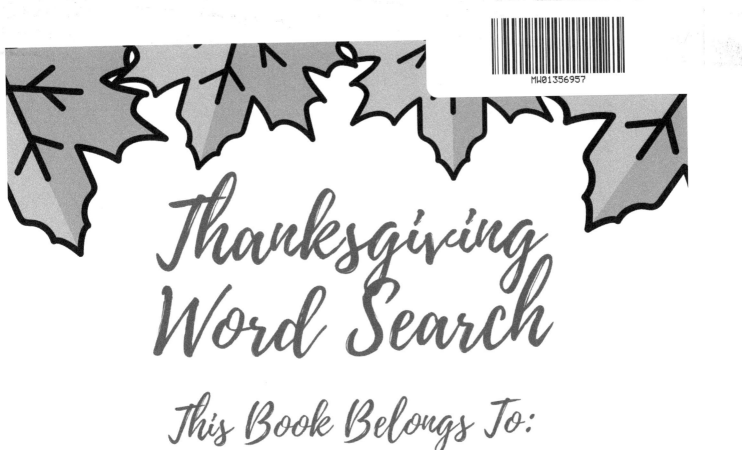

Thanksgiving Word Search

This Book Belongs To:
....

COPYRIGHT © JAZMINE
ALLRIGHTS RESERVED
NOPORTION OF THIS BOOK
MAY BE RE-PRODUCED WITHOUT
THE PRIOR WRITTEN PERMISSION OF THE PUBLISHER
ISBN: 9798565667592
PUBLISHED BY JAZ MINE PUBLISHING PLATFORM

THANKSGIVING

Bless the food before us, the family beside us, and the love between us.

Puzzle 1

```
J O W V J V J A N T I L O P E S
Y A N Q L L C A A G N E A U J P
R F T V J E S Y N N A D D A X D
A C J Z I O R F G J B Q T M E Y
L B L V E T A A N G U I L L E O
B Q P A X R K P Z M A A H W F S
A J O U D S S M G N N G W U A V
T P E T O I A X A L O O A U O A
R O J R A D N R Y W A U L P V R
O A Z U A T A K E P Q T L J I A
S A U C H A C A A N F I I U Q I
K L I H G I O K Y N R T G S N G
J P V E R G N X E S G O A T F N
Q A G T L L D A N E N Q T T I E
V G Y R S E A D X D W X O Z I J
L A C C I A T L E F N N R Q Y Y
```

ALBATROS, ADDAX, AUTRUCHE, ANACONDA, ALLIGATOR, ANTILOPE, ANGUILLE, AYEAYE, ANE, ARAIGNE, ATLE, AGOUTI, ALPAGA, ANOA, AIGLE, AGNEAU

Puzzle 2

```
R K B L Y B K W S P B H Q N M S
G T O B D O R V B C B I S O N K
I N A P W N D B A B O U I N L S
M X J R F O B O N G O S B U U T
V O W R H B I B B U R B U G B F
R M C O U O B L L Q U M F L E S
S Y G N P U I A U M L O F H L T
Q U Z Z B G C I G Y V E L Q E H
I I W L R R H R A J E D E F T F
U Q C Y E U E E W I E B D E T U
G G F V B E G A P Y R X Q T E S
D V N Q I N F U P B A L E I N E
U H Q D S F N G F D D B O E U F
H W P B O U Q U E T I N R D E K
W W X L R G D B L O B F I S H X
B Q N X H Q K B B G J S Z Y H L
```

BLOBFISH, BUFFLE, BOEUF, BABOUIN, BLAIREAU, BONOBO, BOUQUETIN, BLUGA, BREBIS, BELETTE, BALEINE, BONGOS, BOA, BISON, BICHE

Puzzle 3

```
J I N B Y K Z D C H M L E Q D Z L
L G C L I T J I O F D A U P H I N
B N P R C D O N Q N H D X P X P S
K Q Y P O C A G C D T E X T Y Q D
O L Y Q Y D I O Q C R E V E T T E
G K E I O R C O C H O N Q X X H T
R C Y K T O E J R C O U S C O U S
S V C W E M K N U H E N D I N D E
T P S U O A E Z D A L Y C K C J E
E F R H K D Q Y W U D W Y C R C C
K D A I M A J N T X M U G D O O O
T I Q M O I X Y R I Y H N S C R L
Z N W D Z R E H O Z K U E V O B O
N D M P V E D H H C R A B E D E C
Z O P R X O P N Z D R I L L I A O
K N T T O S F G B O Q Y U I L U L
P R W Z M C O C C I N E L L E A O
```

DINDE, CROCODILE, COLOCOLO, CREVETTE, DINDON, DRILL, CORBEAU, DROMADAIRE, DINGO, COCHON, COUSCOUS, COQ, CRABE, COYOTE, CYGNE, COCCINELLE, DAIM, DAUPHIN

Puzzle 4

```
C M C A P U C I N J W Q K S K U U K S
E V C L R S I C X X X C H A M E A U
P P M Y C Z V H P S C A P Y B A R A O
Y A H S F L E V I X C R N C A R P E M
C O B A Y E T R Q F H I J A E O C I L
A C O A T I T E Y W A B T R C R H E Q
M Q I C O T E A M C U O C A A J E F R
P N C H A M O I S A S U H C R X V Q O
A W H F C I G O G N E Y A A C E A K L
G C A S T O R E A A U W C L A C L P X
N Q U H C Q B L I R V U A T J H X K R
O D V N N T D M E D B J L J O E W X H
L K E C H I N C H I L L A F U V G D F
Z E S H V B C H O U E T T E S R H I K
L T O L X C K C A C H A L O T E Z E S
M T U C D H D C H I M P A N Z U O K M
T J R E X I F L G C H A T V D I E A I
G U I R U E D B E Y W R D I V L D D B
W M S F Z N O G D J B N W C O B E L G
```

CARIBOU, CHEVREUIL, CHAT, CARPE, CHAMEAU, CHACAL, CHAMOIS, CHINCHILLA, CACHALOT, CANARD, CAMPAGNOL, CHVRE, CHEVAL, COBE, CERF, COBAYE, CIVETTE, COATI, CAPUCIN, CHIMPANZ, CHAUS, CARACAL, CASTOR, CHAUVESOURIS, CAPYBARA, CARCAJOU, CHOUETTE, CIGOGNE, CHIEN

Puzzle 5

```
Y K K G W J Q G D C D V N K N O U M Z
G G F A O N S Z L E C U Q L K S K S S
A G C H J B J J F E N N E C R X Z L S
C A S N K O I N R L M F H C I S I C H
T J W H Y S P M O R V J Q H N J K I E
Z L I F L A M A N T   R O S E F I U X
E N F K V H E A N C M Y A G F O B T E
B T A C R M B A A B F F E B C U G R L
H M I Z V H Z I J N A M M L Q R E D E
E W S N R V Y E P F O N E F N M L E P
C X A O E P A U L A R D U O E I A S H
H X N U W W O Z E C U R E U I L N C A
I U S N F J L F A U C O N I N I D A N
D S W Q M P L M N U G L E N A E G R T
N P T R G M N L Y K P G X E U R O G J
T A D N A I E Y R A R J L S H Z I O U
S E O M J G E L A N B H Q Z I S C T L
R B M M O Z I H K Z F U R E T E Q A R
P Y S L U E S P A D O N R Z D V B D N
```

ELAN, FURET, FAON, ELAND, FOURMILIER, ECUREUIL, FLAMANT ROSE, FAISAN, FAUCON, EYRA, FENNEC, FOUINE, EPAULARD, EMEU, ESPADON, ESCARGOT, ELEPHANT, ECHIDN

Puzzle 6

```
Z V L P P Q K V H G A Z E L L E D
Z D F C X L D G R E N O U I L L E
Q H E R M I N E I W B H Y G R D O
Z E H R O N G X S T J I C O Y R G
M A H K L O G Z S T G B U R G D H
T Z F I J D I L O N L O A E U H A
G I B B O N R U N G O U F T P G M
G A U F R E A G W R U D G I A N S
M H H I G G F E B U T X A K R O T
K J L N U E E N J E O Z U D D U E
G A O G I N Z E S D N L R B J L R
U Y S A G E P T Y U G R I Z Z L Y
A S X Z N T W T G A U R I V J R V
N V N E A T X E K G E R B O I S E
A I X L R E G E L A D A P X N X V
C T Z L W M T Q C G E L A D A Q Z
O Y I E P F A J X L G A U F R E Y
```

HRISSON, GUPARD, GIBBON, GAUFRE, GAZELLE, GUIGNA,
GRIZZLY, HIBOU, GAUR, GERBOISE, GAZELLE, GORET,
GIRAFE, HRON, GAUR, GELADA, GENETTE, GRENOUILLE,
GELADA, GRUE, HAMSTER, GENETTE, HERMINE, GNOU,
GLOUTON, GUANACO, GAUFRE

Puzzle 7

```
T L U H C B K N E I D M G R T G B X
Z U U H H L I B J L K I A M T B I L
H I R O N D E L L E R C N D D R C B
C D S E Z I M V V V J S A I L N X Q
O S H Y N E Z S U V H T G Y K Z F L
W P T F A I D M P P C U D Y Q W B Z
R T I L N U Z H J Z Q K Y S U I G M
R W F I H F V S R U A L U C L S Q G
I S K N W T C H N V X G C Q E U D N
Y P L V P B G E D G X Y M L P T G K
S Z Z R H I P P O P O T A M E O R K
V H R L B V J H D Z B H Y K M X J K
C A R C O J P K F H M I X G I D A M
J D W M K G L S U G G G J K B R G V
M J B H R W J L C S T Q C U U M U N
Y T D M H K E N Q G C V V A W P Q D
M X L P R J G R A D C S C E Z N N L
B N R W O W S O I X V J B T U D E G
```

HYNE, HIRONDELLE, HIPPOPOTAME

Puzzle 8

```
J L N W I E O K O D I A K L B E L
Q A X I L Y C A O N S K S B J K E
S P K S P K O U D O U I V M M K M
W I O A Y E E I J X L W L Y N X M
L N D T L O U T R E I I A B N N I
O P K I M H V H J Q V A Q X G I N
R Q O S F U I D N W R W X K V Z G
I Z D K O A L A L N E Y X A L N Y
B P G T E L V D O L A M A N T I N
I S A R D M L G P O N E I G J U I
A Z P C L U O K H I M O G O Z F G
S K W S A R U J O B F P U U X L P
L O I R M I P A P I J G A R L Z R
Z Y F G A E G G H S F H N O R A S
F L I O N N Y U O P P G E U O R A
I M P A L A I A R T V X T U T D C
P Q Q A Z R C R E L O P A R D F R
```

LZARD, LIVRE, LOUTRE, LAMA, IBIS, LROT, LMURIEN, JAGUAR, LAMANTIN, LOPHOPHORE, ISATIS, KIWI, KOALA, LION, LAPIN, LOPARD, KODKOD, LEMMING, KODIAK, LYNX, KANGOUROU, IGUANE, IMPALA, LOUP, LORI, ISARD, KOUDOU, LYCAONS, LOIR

Puzzle 9

```
U E M P M K M A R A H A H A H X Z
Y M U S C A R D I N N R D D C A V
V M N M M A N G O U S T E V W P V
N A O A O N A S I Q U E P M R F Q
T M C R U M Z A K Y O A R G Z J W
I M T S F U K M O U F L O N D M K
T O U O E L M W M E K Z N U N U Z
M U L U T E U S S N J S Q P A S R
O T E I T T L W A A Y U V T J A M
R H S N E V O H N S E M M M A R A
S L G E P W T L G O T A A Y Z A C
E J E T R P C N E N N R N M F I A
B S T M O U T O N M U T D A T G Q
A F M A R M O T T E M R R N Q N U
L N A R V A L O T H B E I U O E E
P D H L C P D U U N A Q L L J G R
F U E M A N C H O T T E L F Y I Y
```

MARTRE, MUSCARDIN, MORSE, MACAQUE, MARMOTTE, NASIQUE, NUMBAT, MAMMOUTH, NASON, MULET, MOUFLON, MANUL, MARSOUIN, MANCHOT, NAJA, MOUFETTE, MARA, MANGOUSTE, NOTOU, NARVAL, MOUTON, MSANGE, MUSARAIGNE, NOCTULE, MULOT, MANDRILL

Puzzle 10

```
D N Q V E O O A N G S P L U G Q P A C B
U W C D N U R D Y E T L R N K L L B T K
B N M M O R Y M B P A N T H R E O D A D
P C A R I S C P H Y C X Z A J U P A X E
Q S A P F Q T I P O C T O D O N O P G F
O I E L Y L R K P A O N W V X L S O Y J
T U Z I Z H O A P H O Q U E Z I S L C I
A H D C X S P C M O O R Y X W M U I S T
R I Z A P I E M X C N C Q T W J M P O V
I Z H N O C E L O T V G I H P B S I I B
E T I Z D J U P A N G O L I N P I T E P
J P H A C O C H R E T U J R L A K R S E
Q A D G J K D B O S Q Z S U A R Z O S R
B N S M U W D D R O R A N O L E F U L R
F D D P F F V B Q G M O Q K F S D I M O
E A F P I N G O U I N N U A I S D S K Q
T M P K A N L N E U T C L P Z E V T B U
P B K Q X M G E S J G E D I D U K I B E
V P A N D A   R O U X I Q A H X O T I T
K V Z S O R N I T H O R Y N Q U E I U M
```

OPOSSUM,PHOQUE,PARESSEUX,PHACOCHRE,OCTODON,
PANGOLIN,PCARIS,ONCE,OIE,ORQUES,PIKA,OTARIE,
OCELOT,PIE,PAON,PANDA ROUX,PERROQUET,ORYX,
OKAPI,PANDA,OUISTITI,ORNITHORYNQUE,ORYCTROPE,
ORAN,PINGOUIN,PLICAN,PKAN,OURS,PANTHRE

Puzzle 11

```
X S V G A O U K X R V A L G O A S A U R U S P S S
L C S S R A L N A S H E T R I H R S D U X Z K A M
E K R G C A B E L I S A U R U S Q O A C A A Z Z L
K T L M H A C R O C A N T H O S A U R U S L O G V
O N F C A Q F D F T U Z H L W H E Z C P B I Y I E
J K B L E A L T I R H I N U S B F Q H F K O V T I
N N W C O G Y V A R A C H I L L O B A T O R X E A
D R G Q R A C A N T H O P H O L I S E T X A A C M
W J Z M N L R N M K D R M A G T R T O A A M N Q P
R S P A I M J C A B R O S A U R U S P R F U C I E
S N Q L T J O H X G R M G C L M S G T A R S H K L
Y R U A H P N I G D E T Z H X V E N E G O B I U O
N G Q M O F L S E B R E O E R B O R R O V T C U S
A A T O M P X A Y D A O C L N O G A Y S E I R J A
M L T S I A F U D E M F Z O S K M I X A N G A C U
P B A A M L I R Y D A N S U V T L L Z U A J T W R
H E N U U I D U P I R K X S E P O A F R T R O I U
I R A R S W F S H H G L Q A Y Q C J C U O Q P Y S
C T T U P A L L O S A U R U S A P Q L S R I S U I
O O O S V L K D N X S A B R I C T O S A U R U S L
E S T O Y I M G Y J A C M U A N G O L A T I T A N
L A I L Y A Y J E L U Y B S A R A L O S A U R U S
I U T G O Z A L B E R T A C E R A T O P S E M R Q
A R A G G R N S D S U A P A T O S A U R U S S J N
S E N J L J O L Y P S A A N K Y L O S A U R E W G
```

ALLOSAURUS, ABELISAURUS, ACANTHOPHOLIS, ALAMOSAURUS, ANATOTITAN, ACHELOUSAURUS, ABRICTOSAURUS, AFROVENATOR, AMARGASAURUS, ALIORAMUS, ALGOASAURUS, ARCHAEORNITHOMIMUS, ANCHICRATOPS, ACHILLOBATOR, ALTIRHINUS, AMPHICOELIAS, ANGOLATITAN, ALIWALIA, ARAGOSAURUS, ANKYLOSAURE, ALBERTACERATOPS, AMPELOSAURUS, ALNASHETRI, ARCHAEOPTERYX, APATOSAURUS, ALBERTOSAURE, ARALOSAURUS, ABROSAURUS, ACROCANTHOSAURUS, ANCHISAURUS

Puzzle 12

```
Z E W U Z Q O A C A S T R O P H O C A U D I A
O S V K V E X M Q F V O E H P Z I G W I A V C
B J C W R T U L T Q V O B N C Z P E N A T E V
I B T E F H O U Z Z W X X M G Z R Q A L L S E
A M D W D F O W R O C W Q Q O R V K U X A W D
Y X U O V W D B H V D C X N L M V E B G S R A
M P A X G E A V I A T Y R A N N I S L F C O R
G U A W M B T A H O M O B O T A W A Y A O T R
A R G Y R O S A U R U S B Z P E C J S H P I H
K K T K Y N F H Z V I F Q C F V T I O N C B I
A V I M I M U S N Y G Z I T A V W G D E O G N
I S H X Y A S P S L N K B P T L V P O H S K O
J B F K D W C T F J U L R K N V S Y N B A V C
E P F N C W Y E Y Z X W J K V L V B X Y U I R
I O F A C D I I M H W G P U L E A F R M R B A
X K G L D I L F J D Z I T K H R C W P H U M T
R X P F O Q H X R W U N T M X B U D N F S W O
H C V X N B D L W G J E P E E C C U A G B R P
A T R O C I R A P T O R H N W L V L B O P J S
O K W A M W I W U B A V A C R A T O P S F D A
R T R I Q N F Q V I P V R W L H K X T E L K X
G E E K A U R O R N I S X U I V I N V U V B R
W N L X A U Q P L A T A C A M A T I T A N H X
```

AVACRATOPS, AUBLYSODON, AVIATYRANNIS,
ATACAMATITAN, ARGYROSAURUS, ASTROPHOCAUDIA,
ATLASCOPCOSAURUS, AURORNISXUIVI,
ARRHINOCRATOPS, ATROCIRAPTOR, AVIMIMUS

Puzzle 13

```
V X H R M Y T J L R H J I U O N P H C T S M F N
U C B R Y A Y C S R K I G Y K Z E B V H O F A R
Q T R V V P T P W Q C U V X U H C S U N Q N W M
T C A B M C N S G H W B A R A P A S A U R U S U
V K C A B Q Z H S O X U K V O F B B V I M D T Q
Q B H R A Y G J A B N H Y U U Q O Q B I N C X M
R O I O R L M Q E A G S K J E S R C A O K O I S
G D O S Y B D S F G Q E D L Z M X Z G R A O W B
L U S A O O B K X A Y S L F T X G V T H Q D A R
J I A U N L W R M C K C P P G A G U O Z S B S A
I R U R Y X X X Y R E W U G Q I V E D E S R T C
L H R U X E K N D A F V J H Y S Z P M W B A Y H
A X E S X Y Q L T T S X M P O N G W B L R C I Y
P H X A B A C T R O S A U R U S M L U D O H B L
J D A Q G Q W F B P C P E N L I Y M I O N Y A O
O L X I L J J P M S J E T B Q Q S M T A T C Y P
A G V Q B R O N T O S A U R E V F I R P O R O H
B D H B O B B S F P Q G F A D Q E X E V M A S O
W V P J K V W Q T Z D Q A Z E H N A R M E T A S
X X U V F H U L R X L P P Z F H A K A X R O U A
C Y P M E J L A W Z X V B N J A Y H P X U P R U
P B I C E N T E N A R I A A I L U K T A S S U R
K Z A A M P F P X O T X W K B E N Z O K L F S U
X F O L C L L O Y M J P D X C C N D R X G J L S
```

BRACHIOSAURE, BRACHYCRATOPS, BAROSAURUS, BRONTOSAURE, BACTROSAURUS, BARAPASAURUS, BAGACRATOPS, BUITRERAPTOR, BICENTENARIA, BRONTOMERUS, BRACHYLOPHOSAURUS, BARYONYX, BAYOSAURUS

Puzzle 14

COELOPHYSIS, CTIOSAURUS, CORYTHOSAURUS,
CHUXIONGOSAURUS, CAUDIPTERYX, CAMPTOSAURUS,
CARNOTAURUS, CONCAVENATOR, CORONOSAURUS,
COMPSOGNATHUS, CARCHARODONTOSAURUS,
CAMARASAURUS, COMAHUESAURUS, COELURUS,
CRATOSAURUS, CHIALINGOSAURUS, CHASMOSAURUS,
CRYOLOPHOSAURUS, CALLOVOSAURUS, CENTROSAURUS

Puzzle 15

DRACOPELTA, DARWINOPTERUS, DROMAEOSAURUS, DICRAEOSAURUS, DIMORPHODON, DROMICEIOMIMUS, DIPLODOCUS, DRACOVENATOR REGENTI, DILOPHOSAURUS, DEINONYCHUS, DASPLTOSAURUS, DASHANPUSAURUS, DREADNOUGHTUS SCHRANI, DRYOSAURUS, DEINOCHEIRUS

Puzzle 16

```
I R T Y O N S V B Q Q W V V K F E Y G C X J P N Q
O S C U Z M W U P D C T X M E C H I N O D O N F P
F U S U I S A U R U S Z O N K Q B W X E E E P I N
E I W P V Z E O D R O M A E U S K I M S O U V A K
W A Q C X D Q O F U P X U G C O F F P P T S V M D
O B Q Q R M H V E O S I N O P T E R Y X Y T C E U
T C L J I F S O F G Z G B D T S V U V C R R F O G
N E L A P H R O S A U R U S U N B J L A A E T T E
V K N X Y F B T X R M C Z D S W J Y X Q N P V R V
W H C I U E K E U S K L O S A U R U S M N T A I Q
B Y A T K R O E Y Y Y U W Z W F P W V N U O S C A
S P M T Z G I E H E C F L M Z D Y G U A S S E E S
T V Q C H A L D C D X A K J J K U E V W I P O R C
A L N U U N J M X M K B Y S J K E U W T L O L A M
P S G I K O E O O O T R Z T J U O O W K W N A T O
A L A J O C W N N N A O Q A A X R P B Z G D M O Y
S Y N C Q E F T U T W S E H Y T A L T W K Y B P P
W V B Q J P F O I O H A X U G O P O V Z D L I S Z
X C Z L H H A N N S C U L G B Z T C O M J U A C B
I B K M Q A Z I Y A L R E U H L O P U S E S Q G T
B X P U D L I A S U O U U Q U P R H L U V T O E H
A Q K Y N E N B U R I S X Q D Y X A F S X U H Y X
S B B Y J B K H V E D H M S M C S L W J B O X X C
B E C H I F U T A L O N G K O S A U R U S P A L T
O B Y H T Q E I N I O S A U R U S S S E T K X J Y
```

EOLAMBIA, EOSINOPTERYX, ELAPHROSAURUS, EOTYRANNUS, FUTALONGKOSAURUS, EUSKLOSAURUS, EORAPTOR, ECHINODON, FERGANOCEPHALE, EUOPLOCPHALUS, FUSUISAURUS, EDMONTOSAURE, EINIOSAURUS, FABROSAURUS, EODROMAEUS, EUSTREPTOSPONDYLUS, EUHLOPUS, EDMONTONIA, EOTRICERATOPS

Puzzle 17

```
F W M N J W G I R A F F A T I T A N H Y X D B B
N R K A A Y R T T O S N U E N Y M K H F J Y C R
J X L U M L I Q W D H M S R C K D J R H Z I H H
U H T R O D O N T O S A U R U S A O R Y N X X I
E H R L H Y L A E O S A U R U S V H R X C I D K
J R A O M H A D R O S A U R U S L C A C K G K I
R T O N P T W G N Z M B H K G F I Y S X U H H X
H G J X F Z N S K P H F O C A Q Q V A W Y A U Y
S I H A R P Y M I M U S M Q S A S N U W Y P A K
A D G A T K B L N R C L A R O G J J R U O L Y B
G E D P S S U F H G K M L Z S A T E U U S O A T
U O U M O Q H W A I D F O Z A N H H S X B C N V
A N V G U H Y G T G X T C S U Z L Y G D A A G I
N M F A L L P E Z A K M E O R H P P G B L N O X
L A I L K N S M E N K H P S U O Z A D U N T S M
O N Z L E D I I G O Z D H L S U R C L L R H A V
N T R I R P L N O T Q Y A S O S U R D F C O U U
G E V M V L O I P O Z F L Q V A D O J X S S R Z
M L Q I H I P R T S C A E A M U U S E R Z A U Y
O L L M C L H A E A E Y E J Y R S A P D N U S T
K I I U R E O P R U D D C N M U U U E Q H R W N
G A X S I C D T Y R T Z M W A S K R M L S U P Q
B A M E W V O O X U E F K F A E J U O V L S Y X
R O X E H Y N R E S W F F F C F B S N S Z C G Q
```

HYPACROSAURUS, GALLIMIMUS, GASOSAURUS, HADROSAURUS, GEMINIRAPTOR, HATZEGOPTERYX, HOMALOCEPHALE, GIDEONMANTELLIA, HRRRASAURUS, HAPLOCANTHOSAURUS, HYLAEOSAURUS, GUANLONG, HYPSILOPHODON, HARPYMIMUS, HTRODONTOSAURUS, GIGANOTOSAURUS, HUAYANGOSAURUS, GIRAFFATITAN, GANZHOUSAURUS

Puzzle 18

```
Z R C D B D W R D X X J V K A A T E D O C U S E Z
I Z L I R Z H S B N M Y F X A R L P G K D S Y T X
P O X D L T I J A Y M S B P V Q C Q I L I L U Q C
I K R A N D R A C O A V A T A R Q S R A G M U L Y
Y Z A S V F F M J B T V Y L W O V S R T U Z I Q P
B K Z L B U I N D O M I N U S R E X I K A F H C Y
Z S Y Z E K N V K A A P K A J A N S T T N N O T X
T Y W Z F E T A L D X P O J A J L H A F O U Y R L
Q T J A I N O S A U R U S K Q C T R T I D W V L A
Z N P X J T F D F Q D Z M F K R N V O W O V S P J
A C S Q Z R Y P P Y Y U O J I B O Y R C N F T M N
K I E Y K O Z A H A J K C G N D M F D F B S V A Z
W N L U R S N N E K U H R R D K E T J R G X A J R
L K L S B A B K R Z Y Z A N O W S K I S A U R U S
K R V A D U I F B V X L T C S X F T U Q O L C L S
N I O S V R U N A U H A O H U D W C H O K P O Q Z
I T H P L U J O H U U O P G C P Q Q B T L L N W U
V O C F P S A B W T C Y S Y H I O C E B R Z X C V
B S D U H R A E Z Y J G V I U J X O U Z Q Q B T W
A A O P M B Q O F B A J G F S K R E P A N K Y B U
U U C R Z M M K O U T A L I S A U R U S S N U M L
E R D G L R F P E T T J U R A V E N A T O R Z M H
O U W C U C E J U M U U X Q A D P P H Y Q E A D K
T S C H Q J O B A R I A V S C K Y X T N L V I Y B
Z Q Y E P T O W S Y L K K R O N O S A U R U S H Q
```

KENTROSAURUS, INDOSUCHUS, JOBARIA, JAINOSAURUS, KOUTALISAURUS, KRITOSAURUS, KRZYZANOWSKISAURUS, KAATEDOCUS, IRRITATOR, KRONOSAURUS, JURAVENATOR, INDOMINUSREX, KOSMOCRATOPS, IGUANODON, IKRANDRACOAVATAR

Puzzle 19

```
D M L P H U I D G G Q O H D S M N Q E J C B C
Y D H B Z J Z L E A E L L Y N A S A U R A R Q
M I Q A O L V L K T I A B P A F H P D L P V Z
G F V M R X L E E D S I C H T H Y S U O G Y C
O P T M O J S G O R J I Y R R T C F Q U N K N
L U F E N G O S A U R U S N T X E E H R L J T
K O P H J S U J K W J H U L E Y L L D I A L N
I T Z E H U G Q U S S I V D S W A Y N N M E C
L Y F T O U T P V Z L E Y D F T T U Y H B O L
A Z B V O A W H E C I D D J Y B I X U A O N S
P L E X O V I S A U R U S M B O R V N N S E O
A M Y V K U B V U L T U W I C J H Z V O A R T
M L P O N A L L A J Z Q P M Z R I Q V S U A H
P I T L E P T O C R A T O P S L N P F A R S O
A A E T S A I U G K R B Q O Z I U T G U U A S
S O P L E S S E M S A U R U S N S U A R S U A
A C Z X T Q R P Q D B Q E C T H N B T U F R U
U R T Q C M M L I L I E N S T E R N U S U U R
R A B D M D X I C V A T I V G N I W I B E S U
U T C D G Z D S I J K X L M I Y W L B T K X S
S O V K B S B I O C B B T G J K U O T X H P Z
G P B D T N X E X Z M B C E Z U W H Y V P X T
Q S V W S F Z E U I D W B V K S V I Q J M I V
```

LEEDSICHTHYS, LEPTOCRATOPS, LEXOVISAURUS, LIAOCRATOPS, LAMBOSAURUS, LESSEMSAURUS, LUFENGOSAURUS, LOURINHANOSAURUS, LEAELLYNASAURA, LINHENYKUS, LAPAMPASAURUS, LEONERASAURUS, LSOTHOSAURUS, LILIENSTERNUS, LATIRHINUS

Puzzle 20

```
L R T X O X H Q A F E E M G A L O S A U R E T W A O F
O R E M J W B Q M T G J E M A X J A Q D O G X K H H Z
U M A I A S A U R A J K F E L W O K U M C P O L M O O
K C T C M V M A X A K A L I S A U R U S   T O P A I W
K L N R O C C G M C A X N   O K M A G N A P A U L I A
Q X L O N T J Q O U H S J L D M B Z K N Q V X W Z W D
U G K C O E M K C Y J L O O X G L N M W Y Q X W H K M
W G R R N Z S Q H M A M E N C H I S A U R U S Q G X H
J S T A Y P D S L I B E O G B H R I S P X H W V Q Q Z
E N R T K V T Z O E Y B I P M O S A S A U R E Z M H L
S K T O U J G F D K N R P K V A B P O H P C B M I T Z
X B N P S F K E O H I V V G F V K Y S Y Q S G U N C F
O F D S F N T L N D M E G X J J Z T P B E M S T M D H
X L M E D U S A C E R A T O P S   L O K I I O T I M I
A Z W H T E I G Z Q L V H X D W V H N U Y S Z A E O V
Z M M M I N O T A U R A S A U R U S D M M I S B Z N Z
J B U F W R X B U H J J L Y J R W L Y A I O T U R T P
X N S J O X Q O Z D S N J A P G U P L P C N G R M A Z
N O S M L A N O R O S A U R U S M M U U R F Z R G N V
H E A W N M A J U N G A T H O L U S S S O C L A W O B
T R U R B N F Z P L X O H V F O M X Z A R W M S N C R
X R R M W A M G P T W Z O R R U V F T U A T J A X R E
X V U R F S B G M A R T H A R A P T O R P T E U X A K
Q K S W T P B N S R U L H P X V F M W U T C G R V T S
G L M A C R O P L A T A I I E Y U J O S O Z L U Y O B
N X G A X G L E O E A D N F E L Z U F D R I M S L P P
K Y M E T R I A C A N T H O S A U R U S M K O L N S B
```

MEI LONG, MONONYKUS, MASSOSPONDYLUS,
MEDUSACERATOPS LOKII, METRIACANTHOSAURUS,
MAXAKALISAURUS TOPAI, MUTTABURRASAURUS,
MONTANOCRATOPS, MARTHARAPTOR, MICRORAPTOR,
MLANOROSAURUS, MAJUNGATHOLUS, MGALOSAURE,
MACROPLATA, MAIASAURA, MOCHLODON, MUSSAURUS,
MINOTAURASAURUS, MICROCRATOPS, MAGNAPAULIA,
MAMENCHISAURUS, MOSASAURE, MAPUSAURUS, MINMI

Solutions

Solution Puzzle 1

```
J O W V J V J A N T I L O P E S
Y A N Q L L C A A G N E A U J P
R F T V J E S Y N N A D D A X D
A C J Z I O R F G J B Q T M E Y
L B L V E T A A N G U I L L E O
B Q P A X R K P Z M A A H W F S
A J O U D S S M G N N G W U A V
T P E T O I A X A L O O A U O A
R O J R A D N R Y W A U L P V R
O A Z U A T A K E P Q T L J I A
S A U C H A C A A N F I I U Q I
K L I H G I O K Y N R T G S N G
J P V E R G N X E S G O A T F N
Q A G T L D A N E N Q T T I E
V G Y R S E A D X D W X O Z I J
L A C C I A T L E F N N R Q Y Y
```

ALBATROS, ADDAX, AUTRUCHE, ANACONDA, ALLIGATOR, ANTILOPE, ANGUILLE, AYEAYE, ANE, ARAIGNE, ATLE, AGOUTI, ALPAGA, ANOA, AIGLE, AGNEAU

Solution Puzzle 2

```
R K B L Y B K W S P B H Q N M S
G T O B D O R V B C B I S O N K
I N A P W N D B A B O U I N L S
M X J R F O B O N G O S B U U T
V O W R H B I B B U R B U G B F
R M C O U O B L L Q U M F L E S
S Y G N P U I A U M L O F H L T
Q U Z Z B G C I G Y V E L Q E H
I I W L R R H R A J E D E F T F
U Q C Y E U E E W I E B D E T U
G G F V B E G A P Y R X Q T E S
D V N Q I N F U P B A L E I N E
U H Q D S F N G F D D B O E U F
H W P B O U Q U E T I N R D E K
W W X L R G D B L O B F I S H X
B Q N X H Q K B B G J S Z Y H L
```

BLOBFISH, BUFFLE, BOEUF, BABOUIN, BLAIREAU, BONOBO, BOUQUETIN, BLUGA, BREBIS, BELETTE, BALEINE, BONGOS, BOA, BISON, BICHE

Solution Puzzle 3

DINDE, CROCODILE, COLOCOLO, CREVETTE, DINDON, DRILL, CORBEAU, DROMADAIRE, DINGO, COCHON, COUSCOUS, COQ, CRABE, COYOTE, CYGNE, COCCINELLE, DAIM, DAUPHIN

Solution Puzzle 4

CARIBOU, CHEVREUIL, CHAT, CARPE, CHAMEAU, CHACAL, CHAMOIS, CHINCHILLA, CACHALOT, CANARD, CAMPAGNOL, CHVRE, CHEVAL, COBE, CERF, COBAYE, CIVETTE, COATI, CAPUCIN, CHIMPANZ, CHAUS, CARACAL, CASTOR, CHAUVESOURIS, CAPYBARA, CARCAJOU, CHOUETTE, CIGOGNE, CHIEN

Solution Puzzle 5

```
Y K K G W J Q G D C D V N K N O U M Z
G G F A O N S Z L E C U Q L K S K S S
A G C H J B J J F E N N E C R X Z L S
C A S N K O I N R L M F H C I S I C H
T J W H Y S P M O R V J Q H N J K I E
Z L I F L A M A N T   R O S E F I U X
E N F K V H E A N C M Y A G F O B T E
B T A C R M B A A B F F E B C U G R L
H M I Z V H Z I J N A M M L Q R E D E
W S N R V Y E P F O N E F N M L E P
E X A O E P A U L A R D U O E I A S H
C X N U W W O Z E C U R E U I L N C A
H U S N F J L F A U C O N I N I D A N
I S W Q M P L M N U G L E N A E G R T
D P T R G M N L Y K P G X E U R O G J
N A D N A I E Y R A R J L S H Z I O U
T E O M J G E L A N B H Q Z I S C T L
S B M M O Z I H K Z F U R E T E Q A R
R Y S L U E S P A D O N R Z D V B D N
```

ELAN, FURET, FAON, ELAND, FOURMILIER, ECUREUIL, FLAMANT ROSE, FAISAN, FAUCON, EYRA, FENNEC, FOUINE, EPAULARD, EMEU, ESPADON, ESCARGOT, ELEPHANT, ECHIDN

Solution Puzzle 6

HRISSON, GUPARD, GIBBON, GAUFRE, GAZELLE, GUIGNA, GRIZZLY, HIBOU, GAUR, GERBOISE, GAZELLE, GORET, GIRAFE, HRON, GAUR, GELADA, GENETTE, GRENOUILLE, GELADA, GRUE, HAMSTER, GENETTE, HERMINE, GNOU, GLOUTON, GUANACO, GAUFRE

Solution Puzzle 7

```
T L U H C B K N E I D M G R T G B X
Z U U H H L I B J L K I A M T B I L
H I R O N D E L L E R C N D D R C B
C D S E Z I M V V V J S A I L N X Q
O S H Y N E Z S U V H T G Y K Z F L
W P T F A I D M P P C U D Y Q W B Z
R T I L N U Z H J Z Q K Y S U I G M
R W F I H F V S R U A L U C L S Q G
I S K N W T C H N V X G C Q E U D N
Y P L V P B G E D G X Y M L P T G K
S Z Z R H I P P O P O T A M E O R K
V H R L B V J H D Z B H Y K M X J K
C A R C O J P K F H M I G I D A M
J D W M K G L S U G G G J K B R G V
M J B H R W J L C S T Q C U U M U N
Y T D M H K E N Q G C V V A W P Q D
M X L P R J G R A D C S C E Z N N L
B N R W O W S O I X V J B T U D E G
```

HYNE, HIRONDELLE, HIPPOPOTAME

Solution Puzzle 8

J	L	N	W	I	E	O	K	O	D	I	A	K	L	B	E	L
Q	A	X	I	L	Y	C	A	O	N	S	K	S	B	J	K	E
S	P	K	S	P	K	O	U	D	O	U	I	V	M	M	K	M
W	I	O	A	Y	E	E	I	J	X	L	W	L	Y	N	X	M
L	N	D	T	L	O	U	T	R	E	I	I	A	B	N	N	I
O	P	K	I	M	H	V	H	J	Q	V	A	Q	X	G	I	N
R	Q	O	S	F	U	I	D	N	W	R	W	X	K	V	Z	G
I	Z	D	K	O	A	L	A	L	N	E	Y	X	A	L	N	Y
B	P	G	T	E	L	V	D	O	L	A	M	A	N	T	I	N
I	S	A	R	D	M	L	G	P	O	N	E	I	G	J	U	I
A	Z	P	C	L	U	O	K	H	I	M	O	G	O	Z	F	G
S	K	W	S	A	R	U	J	O	B	F	P	U	U	X	L	P
L	O	I	R	M	I	P	A	P	I	J	G	A	R	L	Z	R
Z	Y	F	G	A	E	G	G	H	S	F	H	N	O	R	A	S
F	L	I	O	N	N	Y	U	O	P	P	G	E	U	O	R	A
I	M	P	A	L	A	I	A	R	T	V	X	T	U	T	D	C
P	Q	Q	A	Z	R	C	R	E	L	O	P	A	R	D	F	R

LZARD, LIVRE, LOUTRE, LAMA, IBIS, LROT, LMURIEN,
JAGUAR, LAMANTIN, LOPHOPHORE, ISATIS, KIWI, KOALA,
LION, LAPIN, LOPARD, KODKOD, LEMMING, KODIAK, LYNX,
KANGOUROU, IGUANE, IMPALA, LOUP, LORI, ISARD,
KOUDOU, LYCAONS, LOIR

Solution Puzzle 9

MARTRE, MUSCARDIN, MORSE, MACAQUE, MARMOTTE,
NASIQUE, NUMBAT, MAMMOUTH, NASON, MULET,
MOUFLON, MANUL, MARSOUIN, MANCHOT, NAJA,
MOUFETTE, MARA, MANGOUSTE, NOTOU, NARVAL,
MOUTON, MSANGE, MUSARAIGNE, NOCTULE, MULOT,
MANDRILL

Solution Puzzle 10

D	N	Q	V	E	O	O	A	N	G	S	P	L	U	G	Q	P	A	C	B	
U	W	C	D	N	U	R	D	Y	E	T	L	R	N	K	L	L	B	T	K	
B	N	M	M	O	R	Y	M	B	P	A	N	T	H	R	E	O	D	A	D	
P	C	A	R	I	S	C	P	H	Y	C	X	Z	A	J	U	P	A	X	E	
Q	S	A	P	F	Q	T	I	P	O	C	T	O	D	O	N	O	P	G	F	
O	I	E	L	Y	L	R	K	P	A	O	N	W	V	X	L	S	O	Y	J	
T	U	Z	I	Z	H	O	A	P	H	O	Q	U	E	Z	I	S	L	C	I	
A	H	D	C	X	S	P	C	M	O	O	R	Y	X	W	M	U	I	S	T	
R	I	Z	A	P	I	E	M	X	C	N	C	Q	T	W	J	M	P	O	V	
I	Z	H	N	O	C	E	L	O	T	V	G	I	H	P	B	S	I	I	B	
E	T	I	Z	D	J	U	P	A	N	G	O	L	I	N	P	I	T	E	P	
J	P	H	A	C	O	C	H	R	E	T	U	J	R	L	A	K	R	S	E	
Q	A	D	G	J	K	D	B	O	S	Q	Z	S	U	A	R	Z	O	S	R	
B	N	S	M	U	W	D	D	R	O	R	A	N	O	L	E	F	U	L	R	
F	D	D	P	F	F	V	B	Q	G	M	O	Q	K	F	S	D	I	M	O	
E	A	F	P	I	N	G	O	U	I	N	N	U	A	I	S	D	S	K	Q	
T	M	P	K	A	N	L	N	E	U	T	C	L	P	Z	E	V	T	B	U	
P	B	K	Q	X	M	G	E	S	J	G	E	D	I	D	U	K	I	B	E	
V	P	A	N	D	A		R	O	U	X	I	Q	A	H	X	O	T	I	T	
K	V	Z	S	O	R	N	I	T	H	O	R	Y	N	Q	U	E	I	U	M	

OPOSSUM, PHOQUE, PARESSEUX, PHACOCHRE, OCTODON, PANGOLIN, PCARIS, ONCE, OIE, ORQUES, PIKA, OTARIE, OCELOT, PIE, PAON, PANDA ROUX, PERROQUET, ORYX, OKAPI, PANDA, OUISTITI, ORNITHORYNQUE, ORYCTROPE, ORAN, PINGOUIN, PLICAN, PKAN, OURS, PANTHRE

Solution Puzzle 11

```
X S V G A O U K X R V A L G O A S A U R U S P S S
L C S S R A L N A S H E T R I H R S D U X Z K A M
E K R G C A B E L I S A U R U S Q O A C A A Z Z L
K T L M H A C R O C A N T H O S A U R U S L O G V
O N F C A Q F D F T U Z H L W H E Z C P B I Y I E
J K B L E A L T I R H I N U S B F Q H F K O V T I
N N W C O G Y V A R A C H I L L O B A T O R X E A
D R G Q R A C A N T H O P H O L I S E T X A A C M
W J Z M N L R N M K D R M A G T R T O A A M N Q P
R S P A I M J C A B R O S A U R U S P R F U C I E
S N Q L T J O H X G R M G C L M S G T A R S H K L
Y R U A H P N I G D E T Z H X V E N E G O B I U O
N G Q M O F L S E B R E O E R B O R R O V T C U S
A A T O M P X A Y D A O C L N O G A Y S E I R J A
M L T S I A F U D E M F Z O S K M I X A N G A C U
P B A A M L I R Y D A N S U V T L L Z U A J T W R
H E N U U I D U P I R K X S E P O A F R T R O I U
I R A R S W F S H H G L Q A Y Q C J C U O Q P Y S
C T T U P A L L O S A U R U S A P Q L S R I S U I
O O O S V L K D N X S A B R I C T O S A U R U S L
E S T O Y I M G Y J A C M U A N G O L A T I T A N
L A I L Y A Y J E L U Y B S A R A L O S A U R U S
I U T G O Z A L B E R T A C E R A T O P S E M R Q
A R A G G R N S D S U A P A T O S A U R U S S J N
S E N J L J O L Y P S A A N K Y L O S A U R E W G
```

ALLOSAURUS, ABELISAURUS, ACANTHOPHOLIS, ALAMOSAURUS, ANATOTITAN, ACHELOUSAURUS, ABRICTOSAURUS, AFROVENATOR, AMARGASAURUS, ALIORAMUS, ALGOASAURUS, ARCHAEORNITHOMIMUS, ANCHICRATOPS, ACHILLOBATOR, ALTIRHINUS, AMPHICOELIAS, ANGOLATITAN, ALIWALIA, ARAGOSAURUS, ANKYLOSAURE, ALBERTACERATOPS, AMPELOSAURUS, ALNASHETRI, ARCHAEOPTERYX, APATOSAURUS, ALBERTOSAURE, ARALOSAURUS, ABROSAURUS, ACROCANTHOSAURUS, ANCHISAURUS

Solution Puzzle 12

AVACRATOPS, AUBLYSODON, AVIATYRANNIS,
ATACAMATITAN, ARGYROSAURUS, ASTROPHOCAUDIA,
ATLASCOPCOSAURUS, AURORNISXUIVI,
ARRHINOCRATOPS, ATROCIRAPTOR, AVIMIMUS

Solution Puzzle 13

BRACHIOSAURE, BRACHYCRATOPS, BAROSAURUS, BRONTOSAURE, BACTROSAURUS, BARAPASAURUS, BAGACRATOPS, BUITRERAPTOR, BICENTENARIA, BRONTOMERUS, BRACHYLOPHOSAURUS, BARYONYX, BAYOSAURUS

Solution Puzzle 14

COELOPHYSIS, CTIOSAURUS, CORYTHOSAURUS, CHUXIONGOSAURUS, CAUDIPTERYX, CAMPTOSAURUS, CARNOTAURUS, CONCAVENATOR, CORONOSAURUS, COMPSOGNATHUS, CARCHARODONTOSAURUS, CAMARASAURUS, COMAHUESAURUS, COELURUS, CRATOSAURUS, CHIALINGOSAURUS, CHASMOSAURUS, CRYOLOPHOSAURUS, CALLOVOSAURUS, CENTROSAURUS

Solution Puzzle 15

DRACOPELTA, DARWINOPTERUS, DROMAEOSAURUS, DICRAEOSAURUS, DIMORPHODON, DROMICEIOMIMUS, DIPLODOCUS, DRACOVENATOR REGENTI, DILOPHOSAURUS, DEINONYCHUS, DASPLTOSAURUS, DASHANPUSAURUS, DREADNOUGHTUS SCHRANI, DRYOSAURUS, DEINOCHEIRUS

Solution Puzzle 16

EOLAMBIA, EOSINOPTERYX, ELAPHROSAURUS, EOTYRANNUS, FUTALONGKOSAURUS, EUSKLOSAURUS, EORAPTOR, ECHINODON, FERGANOCEPHALE, EUOPLOCPHALUS, FUSUISAURUS, EDMONTOSAURE, EINIOSAURUS, FABROSAURUS, EODROMAEUS, EUSTREPTOSPONDYLUS, EUHLOPUS, EDMONTONIA, EOTRICERATOPS

Solution Puzzle 17

HYPACROSAURUS, GALLIMIMUS, GASOSAURUS, HADROSAURUS, GEMINIRAPTOR, HATZEGOPTERYX, HOMALOCEPHALE, GIDEONMANTELLIA, HRRRASAURUS, HAPLOCANTHOSAURUS, HYLAEOSAURUS, GUANLONG, HYPSILOPHODON, HARPYMIMUS, HTRODONTOSAURUS, GIGANOTOSAURUS, HUAYANGOSAURUS, GIRAFFATITAN, GANZHOUSAURUS

Solution Puzzle 18

KENTROSAURUS, INDOSUCHUS, JOBARIA, JAINOSAURUS,
KOUTALISAURUS, KRITOSAURUS, KRZYZANOWSKISAURUS,
KAATEDOCUS, IRRITATOR, KRONOSAURUS,
JURAVENATOR, INDOMINUSREX, KOSMOCRATOPS,
IGUANODON, IKRANDRACOAVATAR

Solution Puzzle 19

LEEDSICHTHYS, LEPTOCRATOPS, LEXOVISAURUS, LIAOCRATOPS, LAMBOSAURUS, LESSEMSAURUS, LUFENGOSAURUS, LOURINHANOSAURUS, LEAELLYNASAURA, LINHENYKUS, LAPAMPASAURUS, LEONERASAURUS, LSOTHOSAURUS, LILIENSTERNUS, LATIRHINUS

Solution Puzzle 20

MEI LONG, MONONYKUS, MASSOSPONDYLUS, MEDUSACERATOPS LOKII, METRIACANTHOSAURUS, MAXAKALISAURUS TOPAI, MUTTABURRASAURUS, MONTANOCRATOPS, MARTHARAPTOR, MICRORAPTOR, MLANOROSAURUS, MAJUNGATHOLUS, MGALOSAURE, MACROPLATA, MAIASAURA, MOCHLODON, MUSSAURUS, MINOTAURASAURUS, MICROCRATOPS, MAGNAPAULIA, MAMENCHISAURUS, MOSASAURE, MAPUSAURUS, MINMI

Printed in the USA
CPSIA information can be obtained
at www.ICGtesting.com
LVHW080937141024
793754LV00034B/1092